stuff + cats = awesome

stuff + cats = awesome

stuff + cats = awesome

stuff + cats = awesome

stuff + cats = awesome

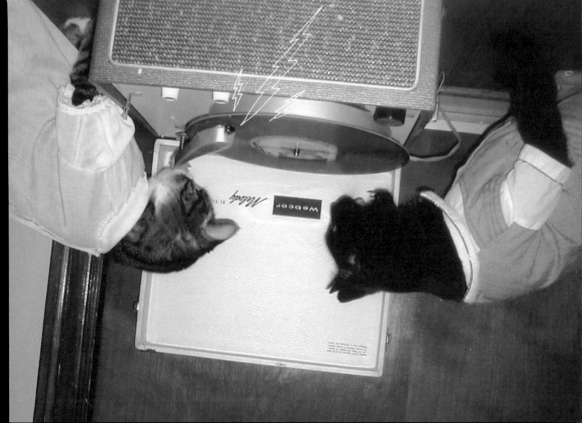

stuff + cats = awesome ♡

stuff + cats = awesome

stuff + cats = awesome

stuff + cats = awesome

stuff + cats = awesome

stuff + cats = awesome

stuff + cats = awesome

stuff + cats = awesome

stuff + cats = awesome

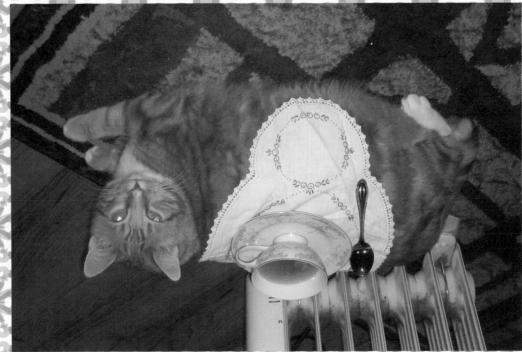

stuff + cats = awesome

stuff + cats = awesome ♡

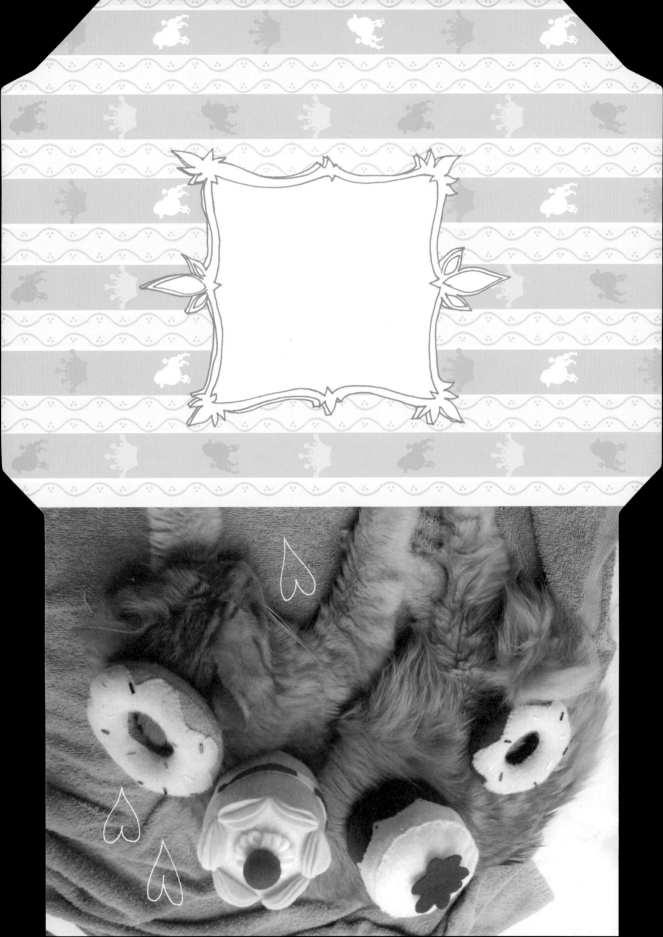

stuff + cats = awesome

stuff + cats = awesome

stuff + cats = awesome

stuff + cats = awesome

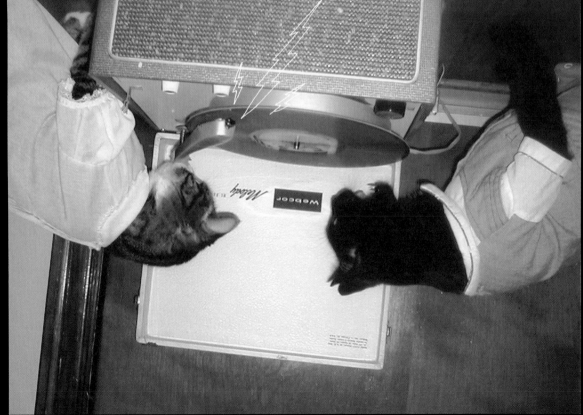

stuff + cats = awesome

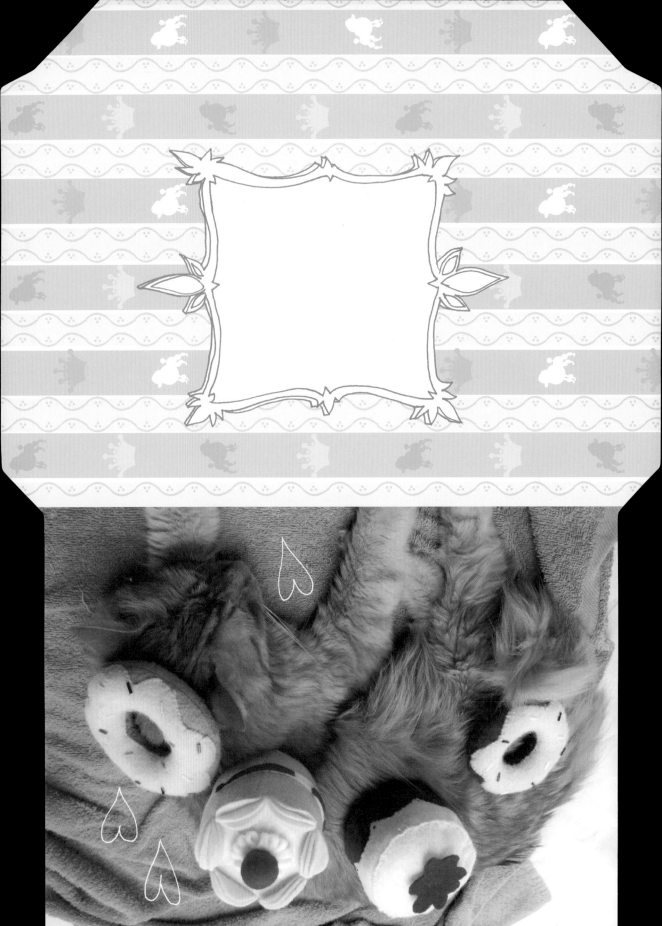

stuff + cats = awesome

stuff + cats = awesome

stuff + cats = awesome

stuff + cats = awesome

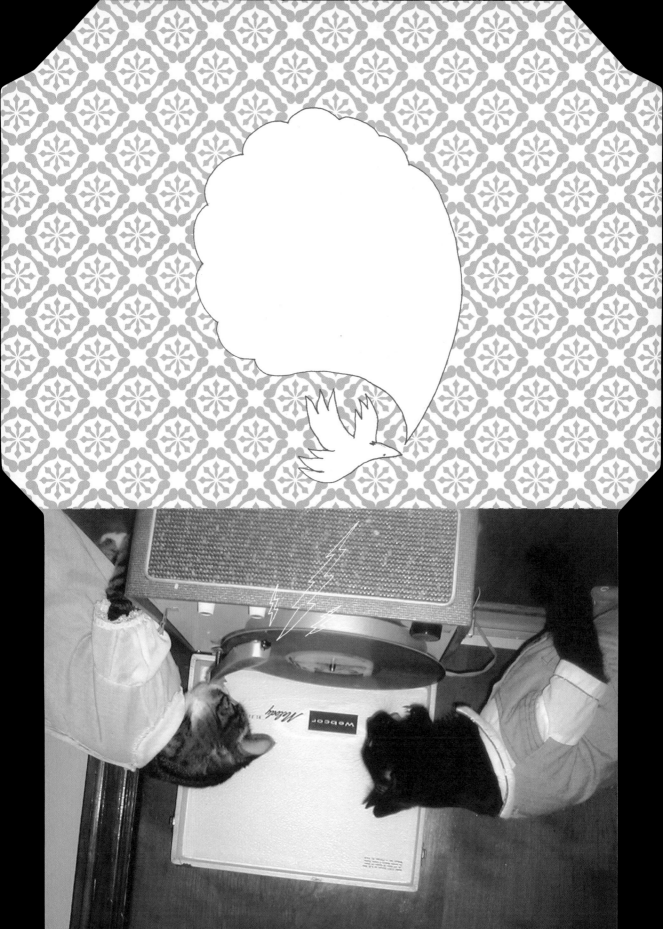

stuff + cats = awesome

stuff + cats = awesome

stuff + cats = awesome

stuff + cats = awesome

stuff + cats = awesome

stuff + cats = awesome

stuff + cats = awesome

stuff + cats = awesome

stuff + cats = awesome

stuff + cats = awesome

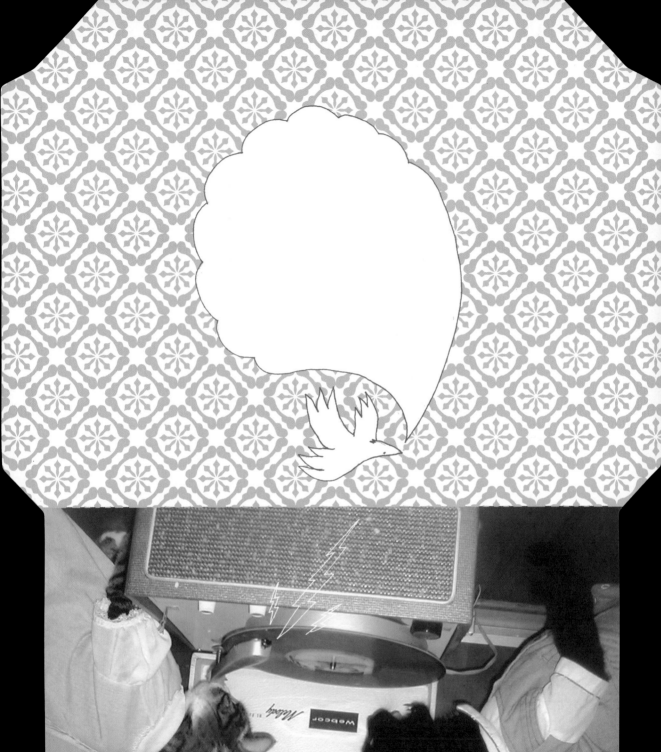
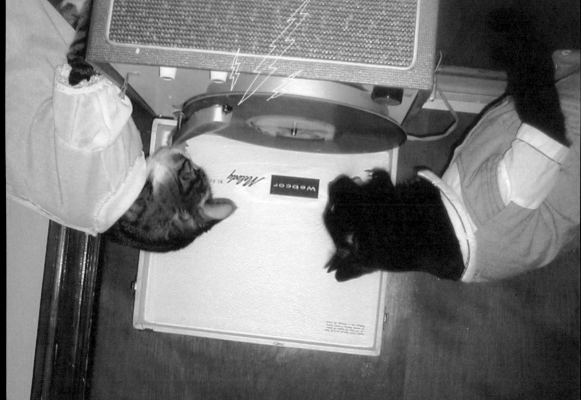

stuff + cats = awesome

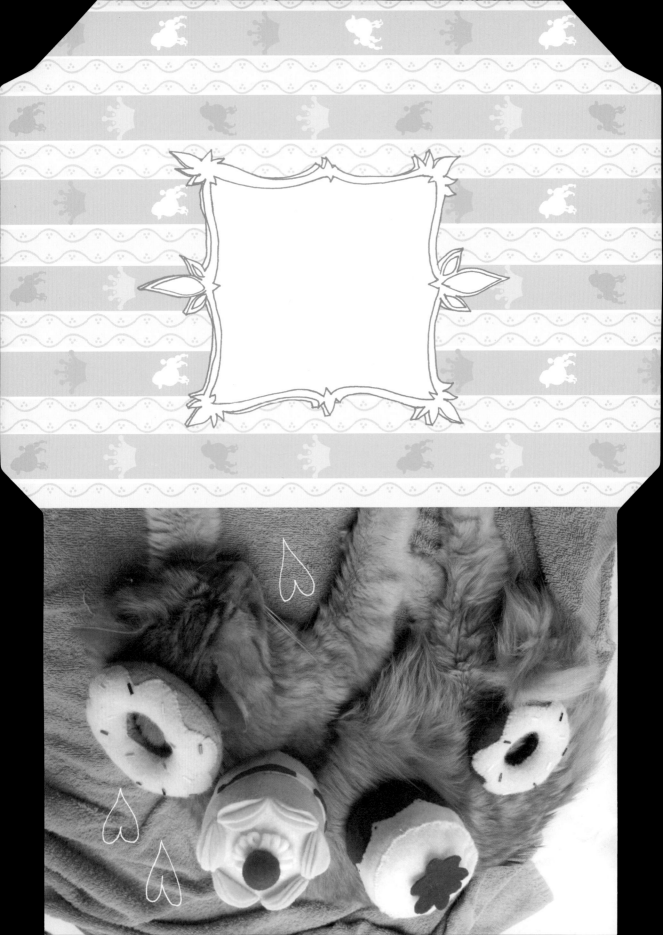

stuff + cats = awesome

stuff + cats = awesome

stuff + cats = awesome

stuff + cats = awesome